FACULTÉ DE DROIT DE TOULOUSE.

THÈSE

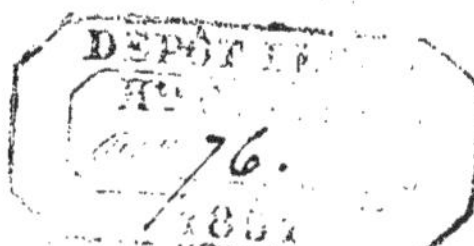

POUR LA LICENCE,

SOUTENUE

Par Henri-Joseph **DECAZIS-LAPEYROUSE**,

Né à Cruzy (Hérault.)

TOULOUSE,
IMPRIMERIE DE Ve SENS ET JANOT,
Rue de la Pomme, 60.

1851

JUS ROMANUM.

INSTIT. JUST. LIBER. II, TIT. XIII.

De exhæredatione liberorum.

Lex duodecim tabularum concedendo patri-familiâs jus disponendi testamento, jus illud nulli circumscriptioni subjecerat.

Testatori sat erat hæredem instituere ut illi sua jura transmitteret, et non vocatos quoscumque hæreditate excluderet.

Huic verò principio aliquot temperamenta posuit interpretatio prudentium. Eis, videbatur pater familias sicut caput tantùm cujusdam bonorum communitatis, cujus administrator potius quàm dominus erat. Et item, filius familias bonorum patris vivi copossessor habitus, illo mortuo acquirere non putabatur, sed retinere patrimonium quod jàm suum erat. Prætereà, eo quod *sui-hœres* vocabantur, hæ considerationes quamdam habent auctoritatem, nàm *hœres* id est dominus.

Hoc posito principio, ut liberi hæreditate quæ jàm sua erat pri varentur, saltem necesse erat ut illo jure nudarentur.

Prætermissio hujus formulæ in testamento longè alios producebat effectus, secundùm varios hœredum qualitates et gradus.

Et primò :

Quicumque in suâ potestate filium haberet, curare debebat vel ut eum hæredem institueret vel nominatim exhæredaret adeò ut non-nulli existimarent testamentum inutile fore et neminem ex eo hæredem existere posse, si etiam vivo patre, filius omissus defunctus fuerit; quia statim ab initio nullum fuisset testamentum. Hæc erat saltem sabiniorum opinio quæ prævaluit. Proculeiani contra putabant hæreditatem ex eo testamento adiri posse, nàm existima bant filii omissi gratiâ tantùm nullum esse testamentum. Deindè, omissione cujuscumque liberi exceptis primi gradus masculis, nullum non fit testamentum. Omissi liberi scriptis hæredibus tantùm adcrescunt in partem. Si *sui* instituti sint, in virilem, si extranei in dimidiam.

Sed ea quæ diximus de jure adcrescendi dato filiis feminini sexus et nepotibus vel neptibus, de eis tantùm quorum pater est prœdecessus vel capite minutus, dicta intelligimus; sed non de omnibus aliis, nàm vivo patre, liberi non sunt sui hœredes avi.— Loquamur nunc de exhæredationis modo : masculi primi gradus hæredes nominatim exhæredandi erant. Nominatim autem exhæredari videtur sive ità exhæredetur ; *Titius filius meus exhœres esto:* sive ità : *filius meus exhœres esto*, non adjecto proprio nomine si solus fuerit filius. Cœteræ verò personæ masculini vel feminini sexùs, exhæredes scribi poterant cumulatim vel inter cœteros neque opus erat ut nominatim exhæredarentur. Inter cœteros autem exhæredari videbatur, si uno, pluribusve institutis hæredibus, ità adjecit testator : *cœteri exhœredes sunto*. — Emancipatos liberos neque hæredes instituere neque exhæredare secundum jus civile necesse erat. Nàm, quia non erant in potestate patris, non erant *sui hœredes*. Tamen prætor bonorum possessionem promittit contrà tabulas, eis qui neque instituti hæredes, neque, ità ut suprà diximus, exhæredati fuerint. Indè, ut valeret testamentum, necesse erat illos vel hæredes institui vel exhæredari, masculos nominatim, feminas cumulatim velinter cæteros.

Posthumi vocabantur, stricto sensu, hi tantùm qui post testatoris obitum nati erant et sensu lato omnes qui post testamenti confectionem, sive antè, sive post testatoris mortem erant editi.

Omnes pariter debebant hæredes institui vel exhæredari.

Sed primùm nulla cautio testamentaria ad incertas personas attinere poterat. Et necessariè erant incertæ quæ nondùm natæ erant.

Quin imò, quomodo alicui subducere hæredis qualitatem quam

nondùm habebat? Prudentes his difficultatibus occurentes concepèrunt jam natos habere, non solùm cum mortuus esset testator sed statim ut testamentum conficeretur, omnes qui post testatoris mortem hæredes sui forent. Jam tùmeorum benefici o omnes permissæ fuerunt testamentariæ cautiones.

Id circò, posthumi sui vocati fuerunt, contrà ac posthumos alienos, qui extrà patriam potestatem positi, testamentum non inficiebant; et quorum beneficio absoluta mansit prohibitio.

Denique posthumi sui poterant institui, exhæredari, legatum vel tutorem accipere. Sed beneficio semper fictionis: *pro jan natis.* Et in eo par omnium conditio e rat. Omnes pariter erant exhæredandi masculi vel feminæ, primi gradûs hœredes vel inferioris, ne rumperetur testamentum. Eadem erat exhæredationis necessitas, alius tantum modus. Ità : masculi posthumi, id est filius et deinceps non aliter exhæredabantur nisi nominatim, hoc scilicet modo : Quicumque mihi filius genitus fuerit exhæres esto. Posthumœ verò femini sexus vel nominatim vel inter cœteros exhæredari solebant. Dum tamen ut irrita non foret exhæredatio aliquid eis sicut commemoratim legeretur *ne viderentur esse prœteritœ per oblivionem.*

Omnia quæ diximus de posthumis suis post testatoris mortem natis, non sunt per æquum ex affinitate vera de his qui hæredes sui fiunt per id tempus quod testamenti confectionem à morte distat. Et reipsâ, testatori licet retexere testamentum agnatione ruptum.

Lex tamen Julia Velleia specialiter contexta eos in totum posthumis assimilavit. Sed in hac ordinatione plures numerari poterant species ; primùm , sui hæredes nati post testamenti confectionem, sed ante testatoris mortem ; deindè, hi qui pro suî hæredibus succedentes, agnascendo , suî hæredes fiebant. Et ità : Si vivo et testato patre morieretur filius, vel qualibet alia ratione potestate sua exiret, nepos vel neptis ei succedebat, et eo modo, suî hæredis jura nansciscens, rumpebat testamentum in quo erat omissi.

Item, si filium et nepotem aliquis haberet et morieretur, testamentum filii, in quo de castransibus vel quasi-castransibus bonis statuisset, rumpebatur eâ quasi-agnatione.

Si de adoptivis liberis loquamur, videmus eorum jura, alia si de naturali,alia si de adoptivo patre agitur. Quandiu erant in adoptiva familia, eis, secundùm jus, civile et pratorium incumbebant eadem jura quœ eis incumberent si in hac familia ex justis nuptiis nati essent. Et tunc naturali familiæ extranei putabantur prœtorio jure. Nam plurium simul familiarum esse nequimus.

Liberi verò ab adoptivo patre emancipati, in eâ causâ erant quâ fuissent si ab ipso naturali patre emancipati fuissent. Et tunc aliquot tantum repetebant jura in successione patris naturalis ad quam eos admittebat prætor.

Hæc erat antejustinianensis legislatio. Sed hunc videmus eminentissimum principem magnas imponere commutationes ; et hodié apparent ubique tanquàm insignitæ notæ sui ingenii. Ex eo tempore eosdem producebat effectus omissio filii vel filiœ, liberorum primi gradûs vel inferioris, posthumi masculini vel feminini sexus, liberi sui vel emancipati. Omnes pariter erant exhæredandi expressè, nominatim, saltemve distinctè , ut non inutiliter exhæredentur.

Si verò de adoptivis agitur, perfectam videmus mutationem et indè apparet solos adrogatos exhæredandos esse. Nàm, eis tamtum aliquot incumbunt jura, in adoptiva familiâ.

CODE CIVIL.

LIVRE 2, TITRE 3, CHAP. 1er,

De l'usufruit.

CARACTÈRES GÉNÉRAUX.— SA NATURE.— SA DIVISION,

L'usufruit consiste dans la faculté de jouir temporairement des choses appartenant à autrui. Cette définition nous présente une division toute naturelle en deux parties, des éléments qui constituent le domaine : le droit de disposition appartenant à l'un, tandis que le droit de jouissance appartient à un autre.

Quoique n'étant pas une partie matérielle du fonds, l'usufruit n'en est pas moins une portion du domaine ; il est donc à son tour une véritable propriété, et le droit d'usufruit un droit réel, *jus in re*, sur la chose d'autrui.

Considérée en elle-même, la constitution d'usufruit emportant diminution de la propriété, constitue une véritable aliénation. Aussi, pour l'établir valablement, faut-il être propriétaire de la chose, en avoir la libre disposition, être capable d'aliéner.

L'usufruit consistant en un droit de jouissance est un droit *incorporel*. Et comme il est imposé sur un fonds au profit d'une personne, il est une véritable *servitude personnelle*. Et qu'on ne s'effraie pas du mot. Il ne s'agit d'aucun devoir, d'aucun assujétissement imposé à la personne. Si nous donnons à l'usufruit la dénomination de servitude personnelle, c'est uniquement parce qu'il est un droit purement personnel à celui qui le possède sur le fonds d'un autre. La faculté de jouir étant essentiellement corrélative à la personne qui en use, le droit d'usufruit, considéré dans la personne qui en est revêtue, est donc une propriété purement personnelle, incessible, intransmissible. Cependant comme l'usufruitier est propriétaire de son droit, on ne saurait en aucun cas s'opposer à ce qu'il s'aliène. *Usufructuarius vel ipse frui eâre, vel alii fruendam concedere, vel locare, vel vendere potest.* (Loi 12 de resufructu.) Mais cette aliénation ou cession qu'il ferait au profit d'un tiers, sans le concours du propriétaire, ne renferme que l'exercice du droit et non le droit lui-même. Le cédant, nonobstant la cession, est toujours le véritable usufruitier, il ne cesse pas un instant d'être responsable vis-à-vis du propriétaire. Il n'était pas sans importance de bien asseoir les principes que nous venons de poser. Ce double caractère de *réalité* et de *personnalité* que nous avons noté plus particulièrement sera pour nous la clé de quelques difficultés.

Maintenant, pour sortir des préliminaires , parcourons rapidement les quatre premiers articles du Code sur la matière.

Le premier (578), nous donne la limite bien vague, bien indéterminée, dans laquelle l'usufruitier peut agir, se mouvoir dans l'exercice légal de son droit. L'usufruit y est défini « le droit de jouir de la chose d'autrui comme le propriétaire lui-même.» Mais quel est le point donné où cesse le droit de l'usufruitier , où celui du propriétaire commence ? A quel moment précis, ces intérêts si opposés , si divergents viendront-ils se heurter ? C'est ce que nous essaierons de montrer dans la mesure de nos forces et du cadre étroit qui nous est tracé.

Dans le second (579), nous trouvons l'usufruit divisé, sous le rapport de sa cause, en *légal* et *conventionnel*. Il ne peut, d'après cet article, dériver que de la loi ou des conventions. Nous n'hésitons pas, nous, à lui assigner une troisième source, l'*usucapion*.

Sous le rapport des modalités auxquelles il peut être soumis, la limite la plus large est laissée au propriétaire. Ainsi , il peut être établi purement et simplement ou sans condition , avec ou sans charges, à partir d'un certain jour, ou jusqu'à une certaine époque (581).

Enfin, en considérant la nature du droit d'usufruit, il est évident qu'il ne peut porter sur des choses qui se consomment par l'usage. Cependant, la généralité des termes de l'art. 581 s'oppose à toute espèce de distinctions. D'après cet article, tout est susceptible d'usufruit ; les biens meubles et immeubles, corporels et incorporels, les universalités et les objets individuels. C'est qu'en effet. les lois ont admis sur les choses qui se consomment par l'usage, un droit analogue au droit d'usufruit ; ce droit, que nous appellerons *quasi usufruit*, diffère cependant de l'usufruit d'une manière essentielle; il transfère la propriété des objets sur lesquels il porte. Le quasi-usufruitier n'est donc pas tenu de les rendre *in specie* à la fin de l'usufruit. Il peut, à son gré, se libérer ou par la restitution en pareille quantité et valeur d'objets de même qualité, ou par le paiement du prix. Nous allons même jusqu'à dire que, suivant la maxime consacrée par l'art. 1190 : « Le choix appartient au débiteur, lorsque le créancier ne s'est pas expressément réservé, » l'option appartiendra à l'usufruitier ou à ses héritiers.

Jouissance de l'usufruitier, ses droits, ses obligations.

§ 1er *Droits de l'usufruitier*. — Pour apprécier d'une manière exacte les droits de l'usufruitier, il faut examiner d'abord le titre en vertu duquel il jouit. Là, seulement, on en trouve la vraie mesure. Mais nous n'avons pas à suivre, dans leur variété, les modifications que la volonté de l'homme peut imposer au droit commun. Elles ne sauraient être l'objet d'une prévision spéciale et encore moins de la tâche que nous avons à remplir ici. Ce sont, d'ailleurs, autant de circonstances de fait, que les règles générales sur l'interprétation des actes rendent aisément appréciables. Tout ce que nous avons à dire se borne à ceci : quand il s'agit de fixer l'étendue des droits de l'usufruitier, la volonté du propriétaire est la loi suprême. Ce n'est qu'à défaut de manifestation suffisante de cette volonté qu'il faut avoir recours au droit commun dont nous allons développer les principes.

« L'usufruitier a, comme le propriétaire lui-même, le droit de jouir de tous les fruits de la chose. » (Art. 578. 582. 597.) Voilà le principe générateur de ses droits. Mais que doit-on entendre par fruits? Rigoureusement, les fruits sont, ni plus ni moins, les produits qui naissent et renaissent de la chose: *quidquid ex re nascitur vel renascitur.* Mais cette définition est loin d'être exacte. Le législateur se déterminant dans la classification qu'il a faite plutôt par la destination de l'homme que par la nature des choses, a rangé dans la classe des fruits des objets qui ne sont pas vraiment les produits de la chose, en même temps qu'il en a retranché d'autres qui devaient, à proprement parler, y entrer. Pour parler plus vrai, nous dirons qu'il faut entendre par fruits tous les émoluments résultant de la destination de la chose et recueillis sur cette chose ou à son occasion. Et cette définition doit être exacte, car elle nous amène naturellement à la distinction légale des diverses espèces de fruits.

Les objets recueillis sur la chose sont les fruits *naturels* et *industriels*; ceux recueillis à l'occasion de cette chose sont les fruits *civils*.

Les fruits naturels sont acquis à l'usufruitier par la perception qu'il en fait sans fraude et à mesure qu'ils sont mobilisés ou détachés du sol (585). Ainsi, l'usufruit d'une vigne s'ouvre-t-il au moment de la vendange, la récolte que vous faites vous appartient en entier, sans récompense au propriétaire. Mais en revanche, l'usufruit cesse-t-il au moment de la récolte? quoique les fruits soient à parfaite mâturité, s'ils sont inhérents au sol, ils appartiennent au propriétaire qui n'est pas, non plus, tenu de la moindre indemnité.

Les fruits civils, au contraire, sont dûs jour par jour, ils ne sont acquis à l'usufruitier que proportionnellement à la durée de son droit (586). C'est-à-dire qu'à la fin de chaque jour de possession des objets soumis à l'usufruit, le possesseur a le droit acquis d'exiger à leur échéance 1/365e des fruits civils de l'année courante. Et comme la loi compte par jours et non par heures, il n'a aucun droit à la portion correspondante à ce jour non encore écoulé. Ce qui nous fait dire avec Dumoulin : « L'échéance du temps est pour l'acquisition des fruits civils, ce que le fait de la coupe ou séparation du sol est pour l'acquisition des fruits naturels. » (1).

La loi romaine et notre ancienne jurisprudence n'assimilaient pas aux fruits civils le prix des baux à ferme. Considéré comme la représentation des fruits naturels du fonds, il ne s'acquérait que par la perception réalisée. De là, des difficultés sans nombre dont le Code est heureusement venu tarir la source. Aujourd'hui, lorsque l'usufruitier donne à ferme les objets soumis à son droit, il est censé aliéner, pour une somme fixe, le bénéfice incertain qu'il retirerait de la perception des fruits. Il convertit en une rente annuelle, à son profit, le droit qu'il cède au fermier. C'est par cette espèce de conversion des produits en fruits civils, qu'ils deviennent exigibles jour par jour. — Le législateur a également rangé, dans la classe des fruits civils, les arrérages des rentes viagères. C'est que sans s'arrêter à cette idée, que chaque terme de ces arrérages entraîne un fractionnement du capital, il a considéré comme vraie propriété, en cette circonstance, non pas le capital, mais le droit de toucher ces arrérages. En conséquence, l'usufruitier y a le même droit qu'aux autres fruits civils sans avoir à craindre aucune restitution. Pour mieux apprécier l'étendue des avantages que confère le droit d'usufruit, nous allons examiner en particulier les diverses espèces de biens qui peuvent y être soumis.

Et d'abord, pour ce qui est des bois, les taillis étant les fruits naturels des forêts, comme les herbes sont les fruits naturels des

(1) Dumoulin, t. 1., § 1., gloss. 1., n° 52.

prairies, l'usufruitier peut les couper à son profit, en se conformant à l'usage constant des propriétaires, et à défaut aux réglements d'administration publique. Mais il n'en est pas de même des futaies. Le temps que la nature a mis à les produire ne permet pas de les ranger dans la classe ordinaire des fruits. Elles sont considérées, dans le droit, comme fesant partie, pour ainsi dire, du sol qui les nourrit, comme un capital mis en réserve par le père de famille pour ses besoins extraordinaires. Aussi quand il s'agit de futaies, la constitution d'aménagement a-t-elle un tout autre effet que quand il s'agit de taillis. Elle n'est pas requise seulement pour régler le mode d'exploitation, mais pour donner naissance à ce droit. Ainsi, si le propriétaire qui a consenti l'usufruit, ou les précédents propriétaires, n'ont pas, par un aménagement périodique et régulier, placé les futaies dans la classe des fruits, elles ne cessent pas d'être des bois de réserve (591). L'usufruitier *ne peut y toucher* pour en faire son profit particulier. Il a seulement le droit d'employer les arbres arrachés ou brisés par accident, pour faire les réparations dont il est tenu, ou d'en faire abattre pour cet usage, s'il est nécessaire ; encore faut-il, dans les deux cas, que la nécessité en soit constatée avec le propriétaire (592). La jouissance se borne à prendre des échalas pour les vignes et autres produits annuels ou périodiques, tels que l'ébranchage, l'écorce, la glandée, toujours suivant l'usage constant du pays, ou la coutume du propriétaire (593). Ce que nous avons dit des futaies est également vrai pour les baliveaux. Quelle serait, en effet, la portée de l'obligation imposée à l'usufruitier de les respecter lors de la coupe des taillis, s'il pouvait plus tard les abattre ? Tous les bois morts, tous les bois *de délit* appartiennent au propriétaire. Une seule exception à cette règle est consacrée par le Code, en ce qui touche les arbres fruitiers. Ceux qui meurent, ou sont brisés ou arrachés par accident, appartiennent à l'usufruitier comme compensation de l'obligation qui lui est imposée de les remplacer (594).

L'usufruitier jouit aussi, comme le propriétaire, des mines, carrières, tourbières en exploitation lors de l'ouverture de son droit. Et cela, sans aucune autorisation spéciale, depuis l'abrogation, par la loi du 21 avril 1810, de la 2e partie de l'alinéa 1er de l'art. 598. Mais il n'a aucun droit aux carrières et mines non encore ouvertes, ni aux tourbières dont l'exploitation n'a pas commencé. Il n'a pas même, sans le consentement du propriétaire, le droit de faire des fouilles. Cependant par analogie de l'art. 592, nous n'hésitons pas à dire qu'il peut ouvrir une carrière pour en tirer les matériaux nécessaires aux réparations dont il est tenu.

Quant au trésor découvert pendant la durée de l'usufruit, il ne saurait être même l'objet d'une prétention de la part de l'usufruitier. Non-seulement il n'est pas possible d'entreprendre avec succès de le ranger dans la catégorie de fruits, mais encore l'art. 598 est formel. Nous ferons observer, toutefois, qu'il est question seulement de la part attribuée à la propriété. L'usufruitier inventeur aurait nécessairement droit à la moitié.

L'usufruitier jouit aussi de l'augmentation survenue par alluvion à l'objet soumis à son droit (596). Il jouit encore, comme le propriétaire, des droits de servitude, de passage (597), et généralement de tous les droits attachés au droit de propriété. C'est pour lui non-seulement un droit, mais dans bien des cas une obligation ; par exemple : lorsque, par le non-usage, la prescription libératoire peut être acquise.

Pour entrer en possession de son droit ou s'y maintenir, il peut exercer toutes les actions que la loi accorde, pour conserver la propriété. Et ces actions il peut les exercer et contre le propriétaire et contre les tiers : car nécessairement résultant d'un droit réel, elles sont des actions réelles.

§ 2. *Obligation de l'usufruitier.* — L'idée de droit implique toujours l'idée de devoir. Le mot droit a pour corrélatif nécessaire le mot obligation. Si le droit conserve dans l'intégrité de son être chaque individu pris à part, le devoir unit entre eux les individus que le droit seul laisserait isolés, qu'il établirait en état d'hostilité flagrante, et la matière qui nous occupe nous montre ceci : que les lois de l'équilibre ne sont pas d'une application moins rigoureuse en jurisprudence qu'en physique. Si l'usufruitier peut exiger du propriétaire qu'il n'apporte à l'exercice de son droit aucune espèce de trouble, fallait-il bien, comme compensation, que le propriétaire fût garanti d'avance et contre les détournements et contre les abus d'administration qu'il pourrait commettre. Le législateur ne pouvait, sans laisser le propriétaire à la merci de l'usufruitier, se dispenser d'imposer des mesures précautionnelles et de prononcer même, contre l'infraction à ses dispositions, à ce sujet, une espèce de pénalité.

L'usufruitier doit, à l'extinction de son droit, restituer la chose au propriétaire. Cette restitution doit être intégrale, fidèle. Comment le *quantum* de la restitution serait-il fixé, comment seraient prévenus les détournements, sans l'inventaire des biens meubles, sans l'état des lieux des immeubles (600) ? Comment le propriétaire serait-il à l'abri de l'insolvabilité d'un usufruitier négligeant et dissipateur qui vendrait ou laisserait tomber en ruines les objets soumis à son droit, sans la caution de jouir en bon père de famille (601)?

L'obligation de faire inventaire est absolue et doit précéder l'entrée en jouissance. Il n'en est pas de même de l'obligation de fournir caution. Outre la remise qui peut en être faite par le propriétaire, certaines personnes en sont dispensées de plein droit :

Les pères et mères usufruitiers légaux des biens de leurs enfants mineurs ;

Le vendeur ou donateur sous réserve d'usufruit ;

Le mari usufruitier légal des biens de sa femme.

De plus, l'usufruitier est admis à fournir en place de caution un gage suffisant ; car, *plus est cautionis in re quàm in personâ.* Quelques auteurs, dont les décisions pèsent d'un grand poids, vont jusqu'à dire, qu'il est recevable à offrir en place de caution une hypothèque suffisante sur des biens libres. Mais il est possible que l'usufruitier se trouve hors d'état de fournir des sûretés de l'une ou de l'autre espèce. On prend alors, en faveur du propriétaire et pour sauvegarder ses intérêts, diverses mesures que l'on trouve édictées dans l'art. 602. Les immeubles sont donnés à ferme, ou mis en séquestre ; les sommes comprises dans l'usufruit, placées; les denrées vendues et le prix en provenant, aussi placé. Les intérêts de ces sommes, les prix des baux à ferme appartiennent à l'usufruitier. Les meubles susceptibles de dépérissement par l'usage et non destinés à être loués, sont vendus et le prix en est placé, comme celui des denrées, au profit de l'usufruitier. Mais l'usufruitier peut être pauvre ; la jouissance de certains meubles, d'un usage fréquent, peut lui être fort utile, tandis que sa misère puisera un mince soulagement, dans l'intérêt de la modique somme provenant de la vente de ces meubles. Aussi le juge, et c'est là une question d'humanité, peut-il lui laisser en nature les meubles nécessaires à son usage, sans autre garantie que sa caution juratoire (603). Le retard de donner caution ne prive nullement l'usufruitier des fruits auxquels il peut avoir droit ; ils lui sont dûs du moment où l'usufruit a été ouvert (604).

L'usufruitier doit jouir en bon père de famille (601) ; il prend les choses dans l'état où elles se trouvent (600). De là une série de conséquences dont voici les plus importantes. L'usufruitier doit aux choses dont il a la jouissance, plus de soin qu'aux siennes propres. S'il est négligent dans ses affaires, il ne lui est pas permis de l'être dans celles d'autrui. Il ne peut employer les objets soumis à son droit, qu'aux usages auxquels leur nature les rend propres. Lorsque ces objets ont une destination spéciale, il doit la respecter. Il ne pourrait, par exemple, employer un cheval de main aux travaux de labour. Il doit s'abstenir de tout acte d'exploitation ou de jouissance qui tendrait à augmenter momentanément ses profits, en épuisant la fécondité du sol, etc. En un mot, il doit conserver à la chose, sa substance, sa forme, sa destination, et s'abstenir de tout ce qui peut amener une détérioration quelconque.

L'usufruitier recueille tous les avantages de la jouissance, tous les agréments que procure la chose; il est juste qu'il la répare et l'entretienne. L'art. 605 a pour objet de lui imposer cette obligation; mais pour les réparations d'entretien seulement. « Les grosses réparations demeurent à la charge du propriétaire. » Une question se pose ici d'elle-même : quelles sont les grosses réparations? quelles sont les réparations d'entretien? Il est évident que la rédaction de l'art. 606 n'est pas une énumération restrictive. Il n'y est indiqué que par rapport à certains objets, quelles réparations doivent être regardées comme grosses réparations. Et ranger parmi les réparations d'entretien toutes celles qui seraient à faire à des objets dont cet article ne s'occupe pas, à des usines par exemple, ce serait arriver à un résultat bien exorbitant de toute idée de justice. On doit en pareil cas se guider plutôt par analogie de l'art. 606 que d'après sa lettre.

L'usufruitier n'est pas tenu de rebâtir ce qui est tombé de vétusté ou détruit par cas fortuit. Ses obligations, à cet égard, sont restreintes par l'art. 607 au rétablissement de ce qui a été dégradé par suite de sa jouissance ou du cours naturel des choses, pendant la durée de son droit. Et cette restriction est évidemment conforme à l'équité. « On ne saurait concevoir en effet, (disent les traducteurs de M. Zachariæ) que l'usufruitier fût tenu de supporter seul les conséquences des cas fortuits et les effets d'une vétusté arrivée, il est vrai, à son dernier période pendant la durée de l'nsufruit, mais dont l'origine serait antérieure à l'ouverture de ce droit. » Mais il est tenu des grosses réparations lorsqu'elles ont été occasionnées par le défaut de réparations d'entretien depuis l'ouverture de l'usufruit (605, art. 2), et à plus forte raison, lorsqu'elles ont été causées par sa faute. Si l'usufruitier ne remplit pas les obligations qui lui sont imposées sous ce rapport, le propriétaire a pour l'y contraindre la ressource des voies judiciaires. Il peut même, suivant les cas, provoquer et obtenir sa déchéance.

Cependant, les obligations de l'usufruitier relatives aux réparations, étant plutôt réelles que personnelles, il n'est pas douteux qu'il ne puisse, en renonçant à son droit, s'y soustraire pour l'avenir. Certains auteurs vont jusqu'à avancer qu'il pourrait aussi se soustraire à leur accomplissement pour le passé, en restituant au propriétaire les fruits qu'il aurait perçus depuis son entrée en jouissance, pourvu, toutefois, que la nécessité de ces réparations ne fût le résultat ni de sa faute ni de sa négligence. Dans tous les autres cas, les grosses réparations sont à la charge du propriétaire (605—606), sans qu'il puisse néanmoins être contraint à les effectuer, quelles qu'en soient les causes et la date. Il aurait même contracté, à cet effet, un engagement direct, personnel, que l'abandon de la propriété lui fournirait encore le moyen de s'affranchir de cette obligation. (Arg. art.699). Mais l'usufruitier, par le surcroît de jouissance qu'il en retirera, peut avoir intérêt à ce que ces réparations soient faites. Aussi est-il admis à les faire exécuter lui-même. Et comme il serait injuste que le propriétaire trouvât là un moyen de s'enrichir à ses dépens, la loi donne à l'usufruitier, à l'extinction de son droit, une action en remboursement du capital de ses avances, à la garantie duquel la jurisprudence accorde même un privilége par analogie de l'art. 2102. al. 3.

« L'usufruitier est tenu, pendant sa jouissance, de toutes les charges annuelles de l'héritage qui, dans l'usage, sont censées charges de fruits » (608) : telles que contributions et autres. Mais, « à l'égard des charges qui peuvent être imposées sur la propriété pendant la durée de l'usufruit, le propriétaire est obligé d'en faire l'avance et l'usufruitier doit lui tenir compte des intérêts. » « Si elles sont avancées par l'usufruitier, il a la répétition du capital à la fin de l'usufruit,» mais sans intérêt (609). — Les dettes de succession sont purement personnelles à l'héritier. Ce n'est pas le fond qui est débiteur, mais la personne. De plus, comme elles sont chargées des masses, les légataires universels et à titre universel en sont tenus au *prorata* de leur émolument, à la différence du légataire particulier qui n'en est jamais tenu. L'usufruitier, à ce titre, ne doit donc pas y contribuer ; il aurait même payé les dettes auxquelles le fonds soumis à son droit était hypothéqué qu'il aurait son recours en remboursement contre le propriétaire (611). Mais comme dans toute bonne administration, les intérêts des dettes se paient avec les fruits, il a paru naturel de mettre ces intérêts à la charge des usufruitiers universels et à titre universel (612), de même qu'on en a mis le capital à la charge des légataires universels et à titre universel. Voici le moyen de déterminer la proportion dans laquelle s'effectuera cette contribution. On estime d'abord la valeur des objets soumis à l'usufruit par rapport aux autres biens de la succession ; et suivant cette estimation, le paiement se fera de l'une des trois manières suivantes :

« Si l'usufruitier veut avancer la somme pour laquelle le fonds doit contribuer, le capital lui en est restitué à la fin de l'usufruit sans aucun intérêt. Si l'usufruitier ne veut pas faire cette avance, le propriétaire a le choix ou de payer cette somme, et dans ce cas l'usufruitier lui tient compte des intérêts pendant la durée de l'usufruit, ou de faire vendre, jusqu'à due concurrence, une portion des biens soumis à l'usufruit (612).» Mais il y a certaines dettes qui sont en entier à la charge de l'usufruitier universel pendant la durée de sa jouissance et sans aucune répétition. C'est « le legs fait par un testateur d'une rente viagère ou pension alimentaire. » (610).

Aux termes de l'article 613, l'usufruitier doit supporter tout ou partie des frais de procès concernant les objets soumis à l'usufruit. Mais nous devons distinguer : si l'usufruit a été constitué à titre onéreux, le propriétaire devant garantir à l'usufruitier le libre exercice de son droit, ces frais seront pour le tout à la charge du propriétaire. Si l'usufruit a été constitué à titre gratuit, trois cas peuvent se présenter :

Le procès n'a eu pour objet que la nue propriété ; les frais sont à la charge exclusive du propriétaire ;

La jouissance seule était contestée ; ils sont en entier supportés par l'usufruitier ;

La contestation intéressait en même temps la propriété et la jouissance ; nous déciderons d'après l'article 609 : ou le propriétaire avancera la somme et l'usufruitier devra lui en servir les intérêts, ou ce sera l'usufruitier qui fournira le capital avec répétition à la fin de l'usufruit.

§ 3. *Extinction de l'usufruit.* — 1° L'usufruit étant un droit attaché à la personne, s'éteint par la mort naturelle ou civile de l'usufruitier (617). Et bien que l'acte constitutif eût assigné à ce droit une durée déterminée, l'usufruitier mort avant le terme n'en transmettrait rien à ses héritiers. L'extinction par la mort est totale et définitive, à la différence des autres causes d'extinction qui peuvent n'être que partielles. Voilà pour le cas où l'usufruit a été établi au profit d'une personne physique. S'il l'a été au profit d'un être juridique comme une commune, un hospice, etc., l'extinction aura lieu par la cessation de l'existence légale de cette personne morale, ou par le laps de 30 années. Et ces règles sont tellement de l'essence de l'usufruit, qu'elles ne sauraient être modifiées par des conventions contraires. Admettre que cette limite de la durée de l'usufruit établi au profit d'une personne morale pût être dépassé, ce serait donner au constituant la faculté de fixer pour l'extinction une époque tellement reculée, qu'il en résulterait une division de la propriété, évidemment contraire à l'esprit de notre législation ;

2° La consolidation ou réunion, sur la même tête, de l'usufruit et de la propriété, est aussi un mode d'extinction : *Res nemini sua servit*; mais comme c'est ce principe seulement qu'a voulu consacrer l'article 617, al. 3, dès que la propriété échappera encore à l'usufruitier, tous ses droits renaîtront (par anal. de l'art. 2177).

L'usufruit s'éteint encore :

3° Par l'expiration du temps pour lequel il a été concédé; par l'événement de la condition résolutoire sous laquelle il a été constitué. Et comme *nemo plus juris in alium transferre potest quàm ipse habet*, le propriétaire qui n'a qu'un droit résoluble, révocable ou rescindable, ne peut constituer un usufruit que sous les mêmes conditions. (Arg. d. 2125.)

4° Par la perte *totale* de la chose ; car, si une partie seulement périt, l'usufruitier conserve son droit sur ce qui reste. Ainsi, l'usufruit d'un troupeau continue d'exister sur les têtes qui restent (616), tandis que l'usufruit sur un ou plusieurs animaux considérés comme individus s'éteint sur chacun d'eux à mesure qu'ils périssent (615).

5° Par la prescription, qui s'opérera par le non-usage pendant 30 ans au profit du nu propriétaire ou de ses héritiers, et par 10 et 20 ans, au profit du tiers acquéreur, comme pour la propriété.

6° Par la renonciation, laquelle doit être expresse, consentie sans fraude, par une personne capable d'aliéner, et ne devient définitive à l'égard du propriétaire que par son acceptation.

7° Par l'abus que l'usufruitier fait de sa jouissance (618 al. 1.), soit en commettant des dégradations sur le fonds, soit en le laissant dépérir faute d'entretien. Les juges sont dans ce cas appelés à apprécier les faits.

Ils peuvent, suivant la gravité des circonstances, ordonner ou la rentrée du propriétaire dans la jouissance de l'objet grevé, sous la charge de payer annuellement à l'usufruitier ou ses ayant-cause, une somme déterminée jusqu'au moment où l'usufruit doit cesser, ou prononcer l'extinction totale. Mais cette déchéance est une peine énorme ; elle ne doit être prononcée que pour des abus graves, provenant de la mauvaise foi et non de simples faits de négligence.

DROIT COMMERCIAL.

DES SOCIÉTÉS.

CARACTÈRES GÉNÉRAUX.

§ Ier. — *Notions et descriptions du contrat de société.*

La société est un *contrat* par lequel *deux ou plusieurs* personnes *conviennent* de *mettre quelque chose en commun* dans *la vue de partager* le *bénéfice* qui pourra *en résulter*. (C. civ. 1832.) — Cette définition a été l'objet de bien des critiques. On lui a reproché et son inexactitude et son insuffisance. Nous croyons, nous, ne pas devoir hésiter à dire que chaque mot, au contraire, en a une portée vraie, et qu'étant à la fois la plus simple et la plus caractéristique, elle doit être satisfaisante. Et d'abord la société est un *contrat*; il faut concours de volontés; sans convention, point de société. Des circonstances fortuites, souvent même contraires à la volonté des partis, peuvent bien amener, créer des communautés d'intérêt, par exemple, le legs fait à plusieurs conjointement d'une chose indivisible. Mais il est impossible de voir là autre chose qu'un fait accidentel, dont chacun des co-légataires peut à son gré provoquer la fin.

Ce *contrat* a pour objet d'obliger les parties *à mettre quelque chose en commun*. Sans mise sociale, point de société, *nulla societas ubi nulla mutua communicatio*. Et cette *vue de bénéfices à réaliser, pour se les partager*, n'indique-t-elle pas suffisamment ce but, cet intérêt commun qui est de l'essence de toute société? Et la source de ces bénéfices, notre article ne dit-il pas clairement que ce doit être la communauté des apports? N'est-il pas évident qu'ils doivent procéder de l'exploitation du fonds commun *en résulter, ut inde lucrum fiat in commune ?* Mais il ne nous paraît guère possible d'indiquer plus brièvement et son origine, et son but, et sa condition, et son essence.

Sans doute, il n'y est rien dit du partage des pertes; mais si la participation aux pertes est une conséquence du contrat de société, elle n'en est pas le but. On se met en société, non pour partager des pertes, mais pour réaliser des bénéfices. Car si les parties prévoyaient que des chances mauvaises les constitueraient en perte, elles ne s'associeraient pas. La perspective de bénéfices, voilà l'idée qui domine tout contrat de société. Et puis par une conséquence naturelle du principe qui appelle à un partage égal du gain les parties qui n'ont pas exprimé leur volonté à ce sujet, n'est-il pas étrange qu'on songe même à demander s'il devra en être ainsi de la perte? C'est un sous-entendu nécessaire et voilà tout. D'ailleurs, qu'est-ce qu'un bénéfice? C'est, ni plus, ni moins, ce qui reste déduction faite des pertes.

Mais puisque nous sommes à parler de bénéfices, en quoi doivent-ils consister, quel le doit en être la nature? Peut-on faire entrer en ligne de compte les divers avantages moraux que peut procurer une association? Evidemment, non; le mot *bénéfice lucrum* s'entend du résultat d'une spéculation lucrative, des gains ou profits matériels et appréciables en argent, provenant d'un travail, d'une exploitation quelconques. C'est ce qui augmente les biens du père de famille, ce qui le fait plus riche.

Comment ne pas reconnaître, après ce que nous venons de dire, que l'art. 1832 dans sa concision, dans son laconisme, nous donne de la société une esquisse vivante, si je puis m'exprimer ainsi? Lui demander de plus grands développements, ce serait vouloir lui ôter et de sa clarté et peut-être même de sa précision. D'ailleurs, il ne nous paraît pas possible, qu'étant bien pénétrés des principes dont nous venons de faire l'essence du contrat de société, on le confonde un instant avec aucune autre espèce de contrat, malgré les soins qu'il prendrait pour essayer de se dissimuler.

Malgré son analogie apparente avec l'état de communauté, le regard le plus légèrement attentif ne saurait être trompé. Par le fait de l'indivision, les communistes ne sont tenus vis-à-vis les uns des autres à aucuns rapports forcés; car la communion étant l'effet d'un rapprochement fortuit, nullement déterminé par la considération des personnes, l'intérêt individuel n'y étant pas dominé comme dans la société, par une vue d'utilité commune, d'intérêt collectif, chacun peut n'y travailler que pour soi.

La communion n'offre pas du tout aux communistes, *cette perspective de bénéfices à faire en commun pour se les partager.* L'état de communauté est un état passif, et c'est cet état que la société emploie, dirige, comme un instrument, pour poursuivre ce but commun, cette réalisation de bénéfices qui le caractérisent. Nous pourrions montrer encore les contrastes et les analogies qui distinguent et rapprochent le contrat de société du mandat, du louage, du prêt, etc.; mais cet examen nous amènerait trop loin. Nous ajouterons seulement quelques mots sur sa nature.

Le contrat de société est un contrat *de bonne foi.* Les rapports qu'il engendre font naître des points de contact si variés, il poursuit sa marche à travers des positions si délicates, que le choix des personnes nous paraît son élément essentiel. La confiance, l'estime réciproque sont les sources de prospérité dans toute association industrielle. Sans doute, l'intérêt y joue un grand rôle; aussi est-il rangé au nombre des contrats à *titre onéreux.* Mais comme modérateur, comme contre-poids, l'égalité, la sympathie, la fraternité, ne doivent-ils pas venir empêcher que cette union du fort et du faible dans une aspiration unanime, quittant la voie du juste et déviant de son but, ne dégénère en un monopole flétri par toutes les législations (1)?

(1) Savary du parfait commerçant.

Le besoin a été la cause première du rapprochement des hommes; c'est la satisfaction de ces besoins qui a provoqué en eux le développement de ces instincts sociaux appelés encore à faire bien des évolutions successives, avant d'atteindre le terme idéal de la perfectibilité. Le besoin est donc dans la nature; le contrat, la société, est donc, de droit naturel, un contrat du droit des gens. Il est permis aux étrangers, aux morts civilement même. « Et c'est là un des éléments de sa puissance, que de pouvoir faire appel aux capitaux, à l'industrie de toute personne et de tout pays.»

Une autre raison de fécondité, c'est de n'être pas borné à un certain ordre de faits, c'est d'embrasser tous les genres d'opérations et d'entreprises sans, rencontrer d'autres obstacles que l'ordre public et les bonnes mœurs. (Art. 1823.)

Aux termes de l'art. 1834 du Code civil : « Toutes sociétés doivent être rédigées par écrit, lorsque leur objet est d'une valeur de plus de 150 fr. » ; autrement dire, la preuve testimoniale est admise pour établir l'existence d'une société, lorsque l'importance des mises réunies n'excède pas 150 fr. Mais il n'en est pas de même en matière commerciale. Quelque minime que soit l'intérêt social, il faut une constatation matérielle de la société, non-seulement pour la preuve, mais même pour la validité.

§ 2. *La société forme une personne morale.*

Toutes les conditions requises par les art. 1832, 33, 34 du Code civil se trouvant réunies, la société devient par une fiction légale une sorte de personne métaphysique distincte des associés pris individuellement. *Societas est corpus mysticum ex pluribus nominibus conflatum.* « C'est un être collectif ayant une volonté, un domicile, un patrimoine, une activité propre.» L'apport ou mise sociale de chacun des associés vient se confondre dans le patrimoine commun formé de la réunion de toutes ces mises qui constituent le fonds social. La société en devient propriétaire ; à elle seule en appartient l'administration ; l'intérêt commun domine l'intérêt particulier des associés.

Il faut bien se garder, cependant, de pousser jusqu'à ses dernières conséquences cette théorie de l'abstraction de l'être social considéré en dehors des associés, sous peine de tomber dans l'absurde. Ce n'est qu'une ingénieuse fiction, afin de prévenir la confusion des droits de chacun quand ils sont opposés, dans le but d'arriver à dessiner plus nettement la position des associés vis-à-vis de la société. Quelques spécifications vont pourtant en faire ressortir l'importance.

Il n'est pas contre nature, que l'un des associés ait des droits individuels distincts de ses droits communs. La position, les rapports de ceux qui composent la société peuvent les placer, vis-à-vis d'elle, dans une position identique à celle d'un tiers. Ils peuvent être créanciers, débiteurs de la société. Un tiers pourrait, à ce titre, agir contre elle par toutes les voies légales, il en est de même de l'associé. La qualité d'associé n'opère pas de fusion, ne modifie en rien ses rapports. Chaque associé étant individuellement distinct du corps social dont il est membre, les accidents qui arrivent à l'un, n'influent en rien sur l'autre. Ainsi, la faillite de la société n'entraîne pas la faillite des associés. Voilà pour la lutte que des événements intérieurs ou extérieurs peuvent provoquer entre les associés et la société. Dans le conflit qui peut s'élever entre la société et les tiers ou les tiers et les associés, l'intérêt de cette distinction n'est pas moins grand. Le tiers créancier de la société ne peut pas actionner en paiement l'un des associés. Si nous intervertissons les rôles, que le tiers soit débiteur de la société, il ne peut pas, davantage, opposer la compensation pour ce que lui devrait l'un des associés. De même que le créancier personnel de l'un des associés ne l'étant pas de la société, ne peut faire saisir les biens de celle-ci.

De tout cela, nous concluons qu'une société doit porter un nom qui la caractérise, la distingue des autres sociétés et des associés ceux qui la composent. C'est l'objet de *la raison sociale.*

DROIT ADMINISTRATIF.

Compétence et juridiction en matière de marchés publics.

On appelle marché, dans le langage administratif, la convention qui intervient entre des particuliers et l'administration, pour la fourniture des objets divers, denrées, transport et ouvrages que nécessitent les besoins des services publics. Et plus particulièrement, on entend par marché de fournitures, les marchés qui sont passés pour fourniture d'objets de consommation ou pour louage de services. C'est à ce point de vue ainsi restreint, que nous examinerons ici la compétence et la juridiction en ce qui concerne ces marchés.

Dans le principe, les marchés passés pour les fournitures à faire à l'état étaient restés soumis à la juridiction des tribunaux ordinaires ; mais l'expérience ne tarda pas à montrer combien ce mode de procéder, qui avait d'abord l'inconvénient de paralyser, pour ainsi dire, l'action du gouvernement sur les fournisseurs, se trouvait d'ailleurs en désaccord avec les principes d'après lesquels s'était opérée la séparation des deux pouvoirs administratif et judiciaire.

Nous n'avons pas à développer les principes de la compétence administrative ; mais nous dirons cependant que la juridiction exceptionnelle de l'autorité administrative n'a de pouvoir et ne s'exerce que dans les cas où l'état, agissant comme puissance publique, se trouve directement intéressé à la contestation qu'il s'agit de juger.

Les conséquences que nous allons tirer de là nous serviront par argnment *à contrariò* à nous donner la mesure de compétence :

1° Il faut, avant tout, qu'il s'agisse d'un marché régulier, à l'exécution duquel l'état se trouve formellement obligé ;

2° Que la contestation s'agite entre l'état ou ses agents avoués et agissant en son nom et les fournisseurs.

Et comme l'administration est exclusivement compétente pour expliquer et interpréter les actes qui émanent d'elle, il est évident qu'à l'autorité administrative seule appartient de déterminer le sens et les effets des décrets qui règlent et liquident une entreprise de fournitures.

Hors de ces principes et conformément aux règles ordinaires de la compétence administrative, cette compétence cesse dès qu'il ne s'agit plus que de statucr sur des faits incidents, ou de faire l'application des règles de droit commun.

Nulle matière, plus que celle qui nous cccupe, n'est du domaine du contentieux administratif. Et cependant il ne sera jamais plus aisé de déterminer à quel tribunal administratif ressortira tel cas particulier.

Tous les marchés pour le compte de l'état sont passés par les ordres du ministre et sous son autorité. A la juridiction ministérielle appartient donc tout ce qui a trait à la liquidation, réglement, acceptation, résiliation de ces marchés. Elle embrasse toutes les contestations ou demandes relatives soit aux marchés passés avec les ministres personnellement ou avec les préfets, intendants militaires et autres agents secondaires, soit aux fournitures faites sans marché écrit, pour le service des départements ministériels. Lorsque le marché a été personnellement conclu avec le ministre, sa juridiction s'exerce *directement* ; dans les autres cas, elle ne s'exerce qu'*après instruction* des préfets et autres agents.

Et c'est là évidemment la source de l'erreur dans laquelle

sont tombés la plupart des auteurs qui ont écrit sur la matière ; ce qu'ils ont pris pour un premier degré de juridiction, n'est autre chose que cette instruction, ces renseignements écrits, transmis par les agents inférieurs à leur chef, et qui n'ont pas d'autre but, d'autre effet, que de le mettre à même de décider en parfaite connaissance de cause sur la question qui se présente.

Le ministre est donc et toujours le premier degré de juridiction en matière de marchés publics.

Vu par le président de la Thèse,

LAURENS.

www.ingramcontent.com/pod-product-compliance
Ingram Content Group UK Ltd.
Pitfield, Milton Keynes, MK11 3LW, UK
UKHW022149260726
13993UKWH00005B/2256